Jessica Braun & Daniel Erk

Zusammen isst man seltener allein

Illustrationen und Gestaltung
Rinah Lang & Anette Beckmann

Jessica Braun & Daniel Erk

Zusammen ISST MAN seltener allein

DAS KOCH MAL BUCH

Illustrationen und Gestaltung
Rinah Lang & Anette Beckmann

blanvalet

Dieses Buch gehört:

Liebe Freunde!

In diesem Buch könnt Ihr in kulinarischen Erinnerungen schwelgen, Eure Küchengeheimnisse verraten und die von anderen lüften, gemeinsame Abende wiederaufleben lassen und nachsehen, ob Eure Freunde lieber Kaffee oder Tee zum Frühstück trinken. Verewigt Euch mit Eurem besten Rezept. Schreibt hinein, worauf Ihr bei Liebeskummer Appetit habt, hinterlasst einen Fettfleck und trefft Euch auf den Gemeinschaftsseiten. Habt keine Angst vor Eselsohren oder Krümeln zwischen den Seiten!
Hier geht's ums Kochen – und wo gekocht wird, wird gekleckert.

Gutes Gelingen!

Wie man aus einem leeren ein leckeres Buch macht:

Die besten Geschichten, sagt man, schreibt das Leben. Aber die besten Rezepte schreiben Freunde und Familie. Um dieses Buch zum appetitlichsten Kochbuch zu machen, das es je gab, braucht Ihr unter anderem:

- *Euer Lieblingsrezept*
- *Rosmarin und Fenchelsamen aus dem letzten Urlaub*
- *von Bananen oder Äpfeln abgepulte Aufkleber*
- *Fotos*
- *Zitronensaft und Feder, um geheime Botschaften auf die Seiten zu schreiben*
- *diese hübschen Papiere, in die Orangen eingewickelt werden*
- *fettige oder klebrige Finger*
- *außergewöhnliche Etiketten von Weinflaschen oder Dosen*
- *eine Handvoll Stifte*
- *Klebstoff*

ZEICHNE, MALE, KLEBE, SCHREIBE AUF, MIT WELCHEM PROMI DU GERNE MAL AM TISCH SITZEN WÜRDEST:

schönstes
Dinner
MOZART!

Dein leckerstes Gesicht:

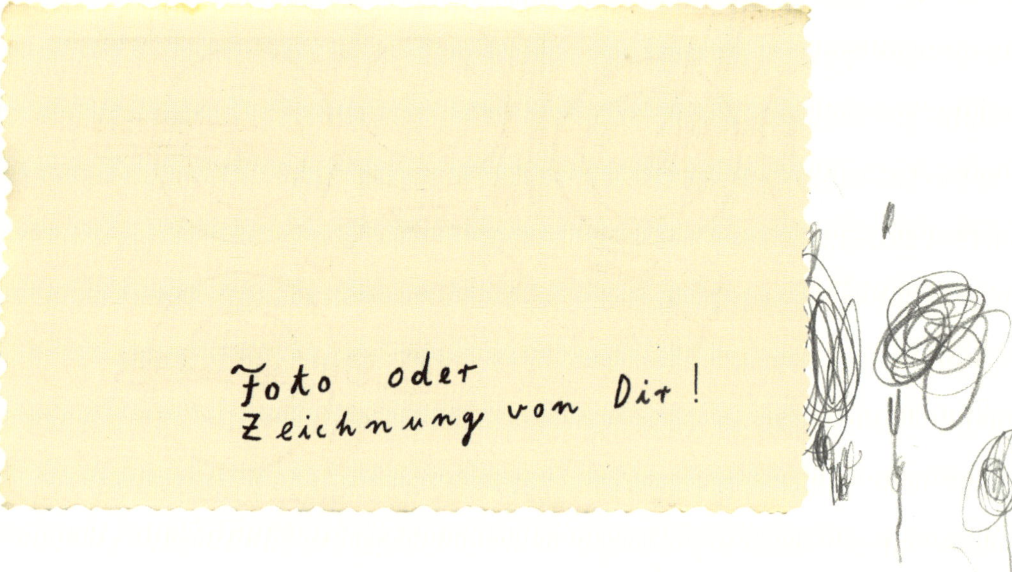

Dein Name:

Dein Geburtstag:

So haben wir uns kennengelernt:

Deine liebste Küchenmusik:

Dein liebstes Kochbuch:

Die beste Website für Köche:

bitte ausfüllen

Bei Dir gibt es:

Schwierigkeitsgrad:

Zubereitungsdauer:

Für .... Personen

Das kommt rein:

Schmeckt dazu:

So wird es gekocht:

Aufgaben

Debt Cred

Dein Tipp gegen Kater?

Wem würdest Du gern mal beim Kochen über die Schulter schauen?

Muuh!

Tiere essen oder streicheln?

Wenn ein Wein schlecht geworden ist, dann

1 *hat er einen Akazienton.*

2 *hat er einen Stallton.*

3 *riecht er nach alten Schränken.*

4 *riecht er nach nassen Handtüchern.*

5 *riecht er nach schmutziger Junggesellenwäsche.*

6 ....

Dein dümmster Küchenwitz: ....

....

Morgenstund hat .... im Mund.

Was würdest Du selbst bei vorgehaltener Pistole nicht essen?

....

Auf welche Benimmregel beim Essen kannst Du gut verzichten?

....

Was kocht niemand so gut wie Mutti?

....

Du und ich, wir können so gut miteinander essen, weil ...

....

....

Pils oder Pilz? ....

Heiß oder kalt? ....

Was ist immer aus, wenn man es gerade braucht?

....

Welches Gewürz beschreibt Dich am besten?

....

Was ist das Exotischste, das Du jemals gegessen hast?

....

Wenn Du ein Wein wärst, wärst Du:

Zutreffendes umkreisen:

uralt

sauer

gereift

geschmeidig

lieblich

fruchtig

jung

wohltemperiert

herb

halbtrocken

füllig

schlank

weich

körperreich

unbezahlbar

samtig

trocken

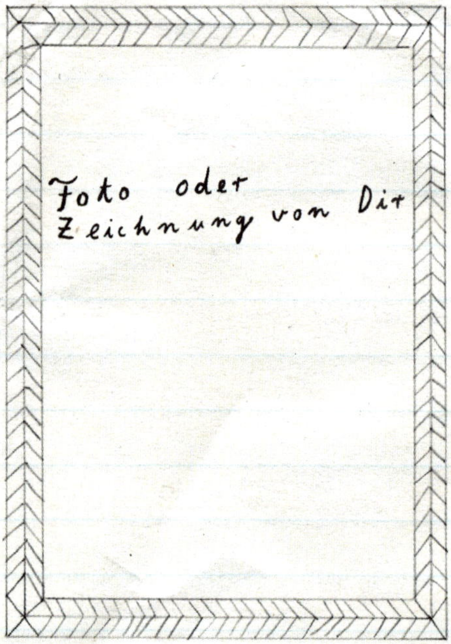

Dein Name:

Geburtstag:

So haben wir uns kennengelernt:

Dein Küchenkampfname (z.B. Fernsehkoch + Pasta-Sorte = Jamie Rigatoni):

Deine liebste Küchenmusik:

Dein liebstes Kochbuch:

Die beste App für Köche:

Rezept

bitte ausfüllen

Schwierigkeitsgrad: ☆☆☆☆☆

Zubereitungsdauer:

Für .... Personen

Zutaten:

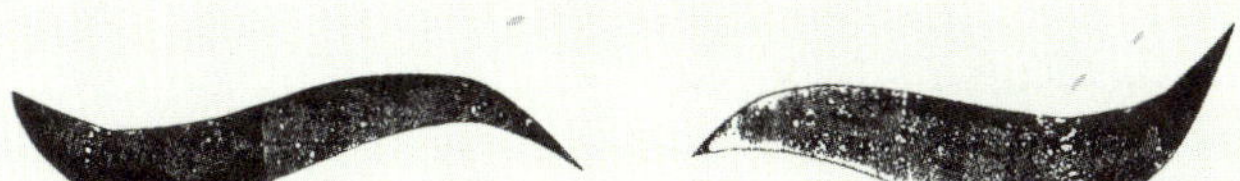

Zubereitung:

Deine ganz persönliche Ernährungspyramide:

MALE
oder
SCHREIBE
da rein:

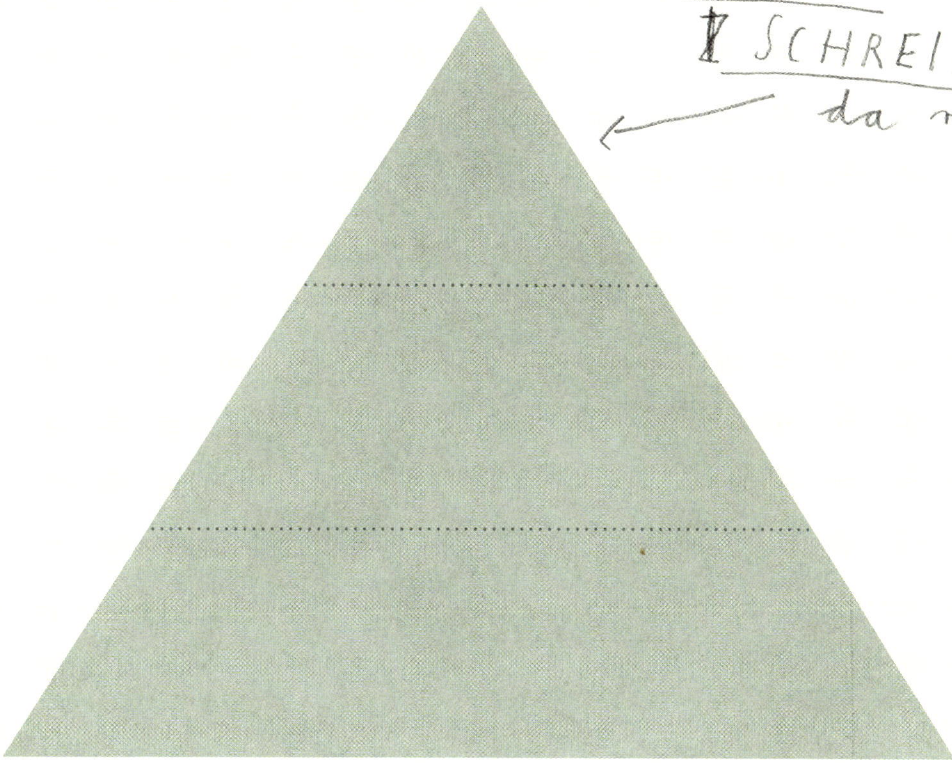

- Obst
- Schokolade
- Spaghetti
- Fisch
- Croissants
- Olivenöl
- Gemüse
- Nutella

Fisch oder Fleisch?

Leberwurstbrot oder Sachertorte?

Vom Kiffen bekommst Du immer Hunger auf ...

Wie viel Moral gehört ins Essen?

Was isst Du nur heimlich?

Wann darf man sich in der Küche mit fremden Lorbeeren schmücken?

Darum gibt es gutes Essen:

Das Lieblingsessen Deines Großvaters:

Was ist auf Deiner Lieblingspizza drauf?

Frauen sind in der Küche ...

Männer sind in der Küche ...

Woher kommt Dein Essen?

Bioladen, Supermarkt, Restaurant, Pizzaservice, Wald, Mutti,

Tankstelle, Ikea, Sonstiges

ALDI

BIO

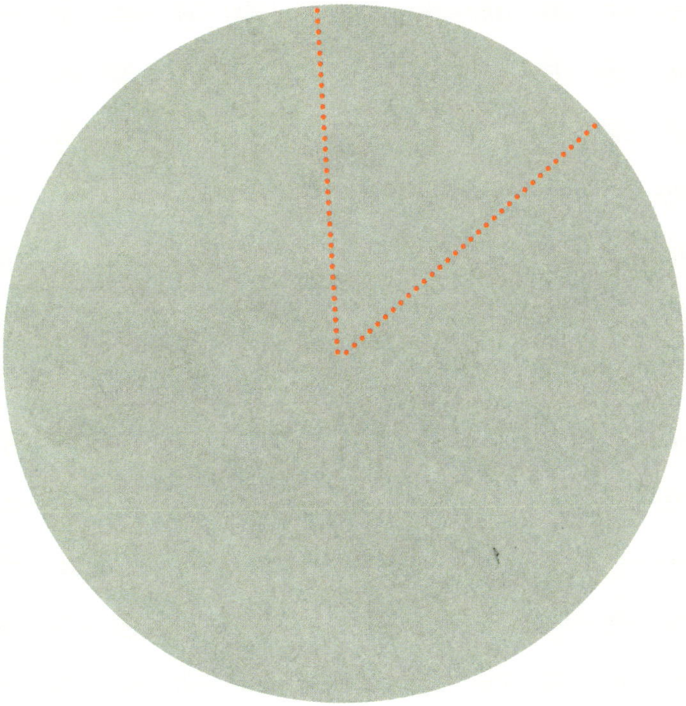

EDEKA

MC DONALD'S

Ausschneiden,

AUFKLEBEN,

EINTEILEN!

BILD VON DIR! ←

Name: Geburtstag:

So haben wir uns kennengelernt:

Deine liebste Küchenmusik:

Dein liebstes Kochbuch:

Die beste Website für Köche:

Es ist angerichtet!

Schwierigkeitsgrad:

Zubereitungsdauer:

Für ……… Personen

Zutaten:

Unser Papa mag nur Grappa,

doch für ………

gibt es ………………………………

So wird es gekocht:

Male (oder kleckse) hier Deine Lieblingsmarmeladensorte hin!

Was gehört zu einem perfekten Weihnachtsfest?

Ein Leben ohne .... ist möglich, aber sinnlos.

Wie ist Dein Essen, wenn Du frisch verliebt bist?

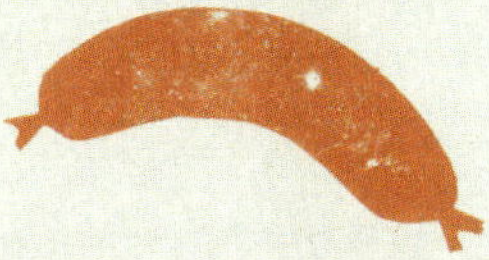

(unangetastet/sofort weg/versalzen)

Immer wenn Du nach .... (Land) fährst,

bringst Du .... (Zutat, Lebensmittel) mit.

Wann warst Du zuletzt bei McDonald's?

Was ist aus der Dose besser als frisch?

Auf welchen Gang kannst Du getrost verzichten?

Welcher Geschmack tröstet Dich?

Die Frau an der Käsetheke sagt über Dich ...

FOTO von Dir!

Dein Name:

Dein Geburtstag:

So haben wir uns kennengelernt:

Deine liebste Küchenmusik:

Dein liebstes Kochbuch:

passende Anzahl ausfüllen

Bei Dir gibt es:

Schwierigkeitsgrad: 

Zubereitungsdauer:

Für .... Personen

Das kommt rein:

Und so wird es gekocht:

Was würdest Du selbst bei vorgehaltener Pistole nicht essen?

Welches Gericht war Dein kulinarisches Erweckungserlebnis?

Der schönste Film übers Essen:

Apfel oder Birne?

Süß oder salzig?

Was hat Dich zuletzt richtig betrunken gemacht?

Hier ist Platz für Deinen schönsten Finger-Fettfleck:

Was gehört zu einer zünftigen Brotzeit?

Das letzte Stück Kuchen bekommt ...

BILD von Dir

Name:

Geburtstag:

So haben wir uns kennengelernt:

Deine liebste Küchenmusik:

Dein liebstes Kochbuch:

Die beste App für Köche:

Da einkleben!

Dein Rezept:

Schwierigkeitsgrad:

Zubereitungsdauer:

Für .... Personen

Zutaten:

Zubereitung:

Der perfekte Absacker:

Dein liebstes Küchenutensil:

Dein liebstes Betthupferl:

Zutreffendes umkreisen:

Essen muss ...

schmecken

schnell gehen

satt machen

Spaß machen

Der Sommer schmeckt nach ...

Das geht immer noch rein, wenn gar nichts mehr geht:

Das beste Bier:

Etikett einkleben!

Welche Zutat pflückst Du selbst?

Das hat Dein Vater immer gegessen:

(Und Du hast nicht verstanden, wie man das bloß essen kann!)

Liebe schmeckt wie ...

....

Fünf Zutaten, die Du mit auf eine einsame Insel nehmen würdest:

1										
2										
3										
4										
5										

Wenn Du ein Gebäck wärst, was wärst Du?

....

Welches Essen bringt Dich zur Ruhe?

....

Das beste Essen gibt es in:

Fahne malen

Von welchem Abend schwärmst Du bis heute?

Was oder wo sollte ich mit Dir unbedingt einmal essen?

Das ist der wichtigste Rat, den Dir jemand fürs Kochen gegeben hat:

So geht ein richtig gutes Sandwich:

Kommt Dir nicht in den Topf:

Dein liebstes Pausenbrot:

Und wie isst Du Dein Ei?

bitte ausfüllen

mit Namen und Vorliebe
malen, schreiben, kleben ...

Dein leckerstes Gesicht:

Dein Name:

Dein Geburtstag:

So haben wir uns kennengelernt:

Deine liebste Küchenmusik:

Dein liebstes Kochbuch:

Die beste Website für Köche:

Bei Dir gibt es:

bitte ausfüllen

Schwierigkeitsgrad: ☆ ☆ ☆ ☆ ☆

Zubereitungsdauer: Für .... Personen

Das kommt rein:

Schmeckt dazu:

So wird es gekocht:

Fahne malen

Dein liebster Wein kommt aus ...

Wer ist wie oft bei Dir zum Essen?

in %

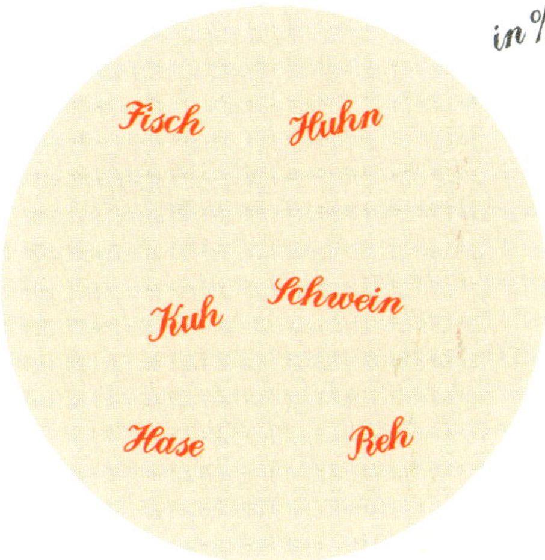

Wer zahlt Dein Bier? ....

Von diesem Menschen hast Du viel übers Essen gelernt:

....

....

Welche Zutat ist schweineteuer – aber jeden Cent wert? ....

....

...ODER MAL DICH

Name: Geburtstag:

So haben wir uns kennengelernt:

Deine liebste Küchenmusik:

Dein liebstes Kochbuch:

Die beste Website für Köche:

Es ist angerichtet!

Schwierigkeitsgrad:

Zubereitungsdauer:

Für .... Personen

Zutaten:

Zubereitung:

So muss ein belegtes Brötchen sein:

O schlicht und gut

O ausgebufft und vielschichtig

Nach einem schweren Essen hilft ...

Die .... bei Ikea sind aber auch echt lecker!

Hast Du schon mal was zu Essen geklaut? Was?

Woraus ist Dein Haus im Schlaraffenland gebaut?

Das bringt Dich durch die Nacht:

Male hier den schönsten Kuchen, den Du je bekommen hast!

Foto geht auch

Wenn Du ein Restaurant hättest, wie würde es heißen?

Wer mag, kann das Schild über dem Eingang malen!

BITTE BEANTWORTEN

Schokolade oder Vanille?

Koriander oder Petersilie?

Was ist das Ekeligste, was Dein Kind/Du als Kind jemals gegessen ha(s)t?

Was wäre Deine Henkersmahlzeit (und wofür würde man Dich hängen)?

Kann Insektenessen die Lösung sein?

An welches Essen denkst Du, wenn Du an Deine Oma denkst?

Wie ist Dein Essen, wenn Du frisch verliebt bist?

- unangetastet
- sofort weg
- versalzen
-

Immer wenn Du nach (Land) fährst,

bringst Du (Zutat, Lebensmittel) mit.

Wann warst Du zuletzt bei McDonald's?

Was ist aus der Dose besser als frisch?

Auf welchen Gang kannst Du getrost verzichten?

Welcher Geschmack tröstet Dich?

Foto oder
Zeichnung von Dir

Name:

Geburtstag:

So haben wir uns kennengelernt:

Deine liebste Küchenmusik:

Dein liebstes Kochbuch:

Die beste App für Köche:

Rezept

Schwierigkeitsgrad:

Zubereitungsdauer:

Für .... Personen

Zutaten:

Und was trinkst Du nie?

Zubereitung:

Fisch oder Fleisch?

Leberwurstbrot oder Sachertorte?

Vom Kiffen bekommst Du immer Hunger auf ...

Wie viel Moral gehört ins Essen?

Was isst Du nur heimlich?

Das brauchst Du morgens:

Darum gibt es gutes Essen:

Das Lieblingsessen Deines Großvaters:

Was ist auf Deiner Lieblingspizza drauf?

Woher kommt Dein Essen?

Bioladen, Supermarkt, Restaurant, Pizzaservice, Wald, Mutti,

Tankstelle, Ikea, Sonstiges ...

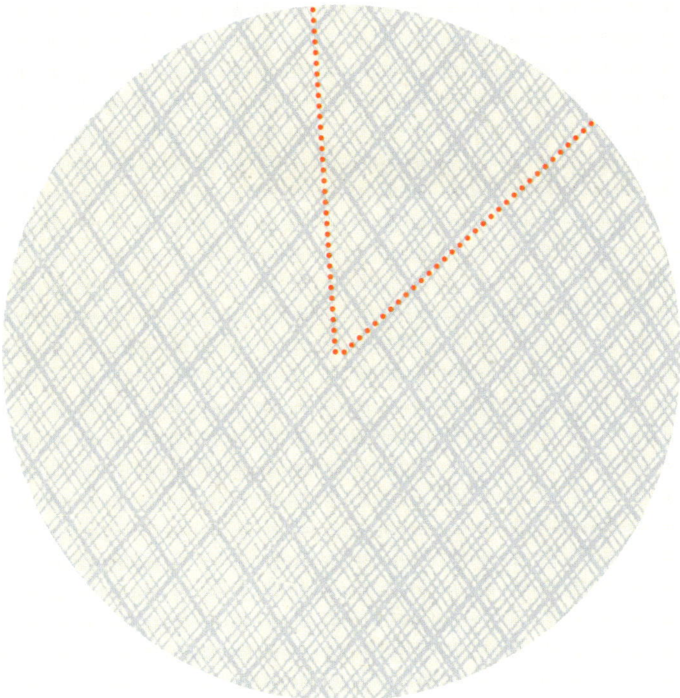

Ausschneiden,
AUFKLEBEN,
EINTEILEN!

ALDI

EDEKA

BIO

MC DONALD'S

FOTO von Dir!

Dein Name:

Dein Geburtstag:

So haben wir uns kennengelernt:

Deine liebste Küchenmusik:

Dein liebstes Kochbuch:

Bei Dir gibt es:

passende Anzahl ausfüllen

Schwierigkeitsgrad: 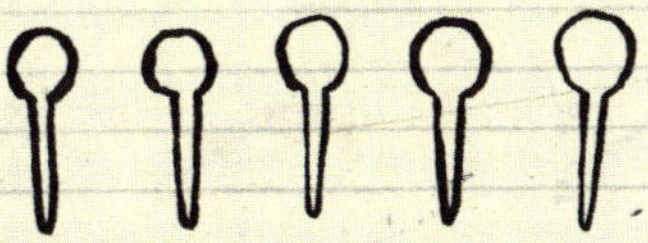

Zubereitungsdauer:

Für .... Personen

Das kommt rein:

Zubereitung:

Wenn Du ein Wein wärst, wärst Du:

Zutreffendes umkreisen:

uralt

sauer

gereift

geschmeidig

lieblich

fruchtig

wohltemperiert

herb

jung

halbtrocken

füllig

schlank

weich

körperreich

unbezahlbar

samtig

trocken

Wenn Du ein Restaurant hättest, wie würde es heißen?

Wer mag, kann das Schild über dem Eingang malen!

BITTE BEANTWORTEN

Schokolade oder Vanille?

Koriander oder Petersilie?

Was ist das Ekeligste, was Dein Kind/Du als Kind jemals gegessen ha(s)t?

Was wäre Deine Henkersmahlzeit (und wofür würde man Dich hängen)?

Kann Insektenessen die Lösung sein?

An welches Essen denkst Du, wenn Du an Deine Oma denkst?

Wie ist Dein Essen, wenn Du frisch verliebt bist?

Zutreffendes umkreisen!

unangetastet

sofort weg

versalzen

....

Immer wenn Du nach (Land) fährst,

bringst Du (Zutat, Lebensmittel) mit.

Wann warst Du zuletzt bei McDonald's?

Was ist aus der Dose besser als frisch?

Auf welchen Gang kannst Du getrost verzichten?

Welcher Geschmack tröstet Dich?

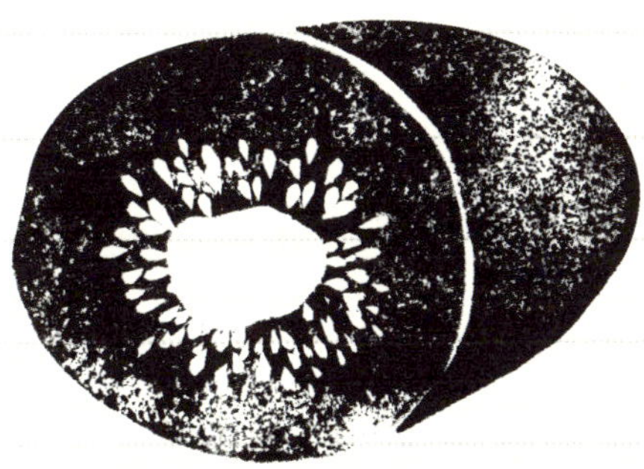

BILD von Dir

Name:

Geburtstag:

So haben wir uns kennengelernt:

Deine liebste Küchenmusik:

Dein liebstes Kochbuch:

Die beste App für Köche:

Da einkleben!

Dein Rezept:

Schwierigkeitsgrad:

Zubereitungsdauer:

Für .... Personen

Zutaten:

Sauer macht ....

Und so wird es gekocht:

Was würdest Du selbst bei vorgehaltener Pistole nicht essen?

Welches Gericht war Dein kulinarisches Erweckungserlebnis?

Der schönste Film übers Essen:

Apfel oder Birne?

Süß oder salzig?

Was hat Dich zuletzt richtig betrunken gemacht?

Was gehört zu einer zünftigen Brotzeit?

Das letzte Stück Kuchen bekommt ...

WIE TRINKST DU DEINEN
KAFFEE?
Von:
Von:
Von:
Name:
Von:
Von:
Von:
Von:
Name:
Von:

Name:
von:
Name:
85%
TIEFSCHWARZER
KAFFEE
Name:
von:
5%
ZUCKER
Name:
von:
von:
von:
Name:
von:

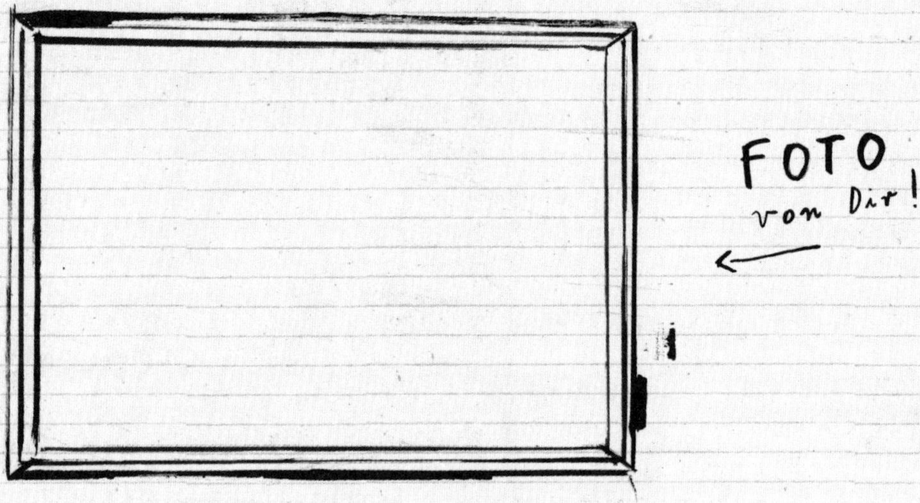

Name: Geburtstag:

So haben wir uns kennengelernt:

Deine liebste Küchenmusik:

Dein liebstes Kochbuch:

Der beste Laden für Köche:

Es ist angerichtet!

Schwierigkeitsgrad: ☆☆☆☆☆

Zubereitungsdauer:

Für .... Personen

Zutaten:

Zubereitung:

So muss ein belegtes Brötchen sein:

O schlicht und gut O ausgebufft und vielschichtig

Nach einem schweren Essen hilft ...

Wenn Du die Weltherrschaft hättest, gäbe es jeden Mittwoch ...

Hast Du schon mal was zu Essen geklaut? Was?

Woraus ist Dein Haus im Schlaraffenland gebaut?

Das bringt Dich durch die Nacht:

Male hier den schönsten Kuchen, den Du je bekommen hast!

Foto geht auch

Aufgaben

Debt Cred

Dein Tipp gegen Kater?

Was verdirbt Dir den Appetit?

Muuh!

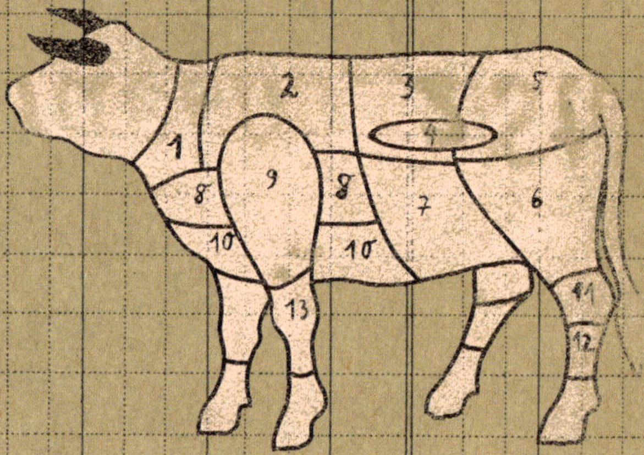

Tiere essen oder streicheln?

Wenn ein Wein schlecht geworden ist, dann

1 *hat er einen Akazienton.*

2 *hat er einen Stallton.*

3 *riecht er nach alten Schränken.*

4 *riecht er nach nassen Handtüchern.*

5 *riecht er nach schmutziger Junggesellenwäsche.*

6 ....

Fisch oder Fleisch?

Leberwurstbrot oder Sachertorte?

Vom Kiffen bekommst Du immer Hunger auf ...

Wie viel Moral gehört ins Essen?

Was isst Du nur heimlich?

Wann darf man sich in der Küche mit fremden Lorbeeren schmücken?

Darum gibt es gutes Essen:

Das Lieblingsessen Deines Großvaters:

Was ist auf Deiner Lieblingspizza drauf?

Dein leckerstes Gesicht:

Bild von Dir!
←

Dein Name:

Dein Geburtstag:

So haben wir uns kennengelernt:

Deine liebste Küchenmusik:

Dein liebstes Kochbuch:

Die beste App für Köche:

Da einkleben!

Bei Dir gibt es:

bitte ausfüllen

Schwierigkeitsgrad: ☆ ☆ ☆ ☆ ☆

Zubereitungsdauer: Für .... Personen

Das kommt rein:

Schmeckt dazu:

Zubereitung:

Der perfekte Absacker:

Dein liebstes Küchenutensil:

Dein liebstes Betthupferl:

Zutreffendes umkreisen!

Essen muss …

schmecken

schnell gehen

satt machen

Spaß machen

Der Sommer schmeckt nach …

Das geht immer noch rein, wenn gar nichts mehr geht:

Das beste Bier:

Etikett einkleben!

Foto oder Zeichnung von Dir

Name:

Geburtstag:

So haben wir uns kennengelernt:

Dein Küchenkampfname (z.B. Fernsehkoch + Pasta-Sorte = Jamie Rigatoni):

Deine liebste Küchenmusik:

Dein liebstes Kochbuch:

Die beste Website für Köche:

Rezept

Schwierigkeitsgrad:

Zubereitungsdauer:

Für .... Personen

Zutaten:

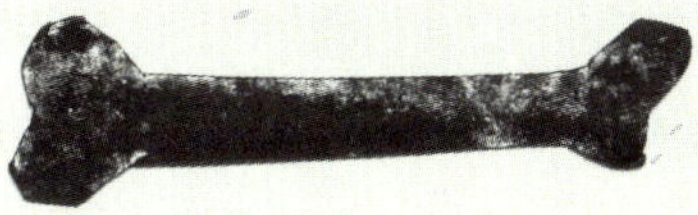

Zubereitung:

Deine ganz persönliche Ernährungspyramide:

MALE
oder
SCHREIBE
da rein:

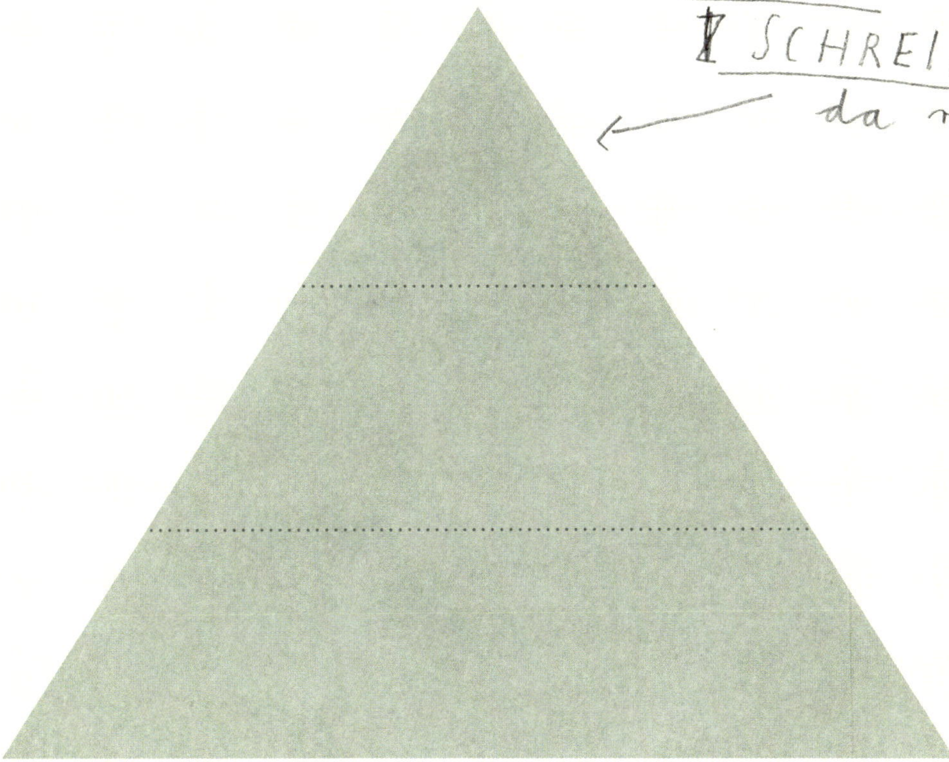

- Obst
- Schokolade
- Spaghetti
- Fisch
- Croissants
- Olivenöl
- Gemüse
- Nutella

Fisch oder Fleisch?

Leberwurstbrot oder Sachertorte?

Vom Kiffen bekommst Du immer Hunger auf …

Wie viel Moral gehört ins Essen?

Was isst Du nur heimlich?

Wann darf man sich in der Küche mit fremden Lorbeeren schmücken?

Darum gibt es gutes Essen:

Das Lieblingsessen Deines Großvaters:

Was ist auf Deiner Lieblingspizza drauf?

Frauen sind in der Küche …

Männer sind in der Küche …

Woher kommt Dein Essen?

Bioladen, Supermarkt, Restaurant, Pizzaservice, Wald, Mutti,

Tankstelle, Ikea, Sonstiges

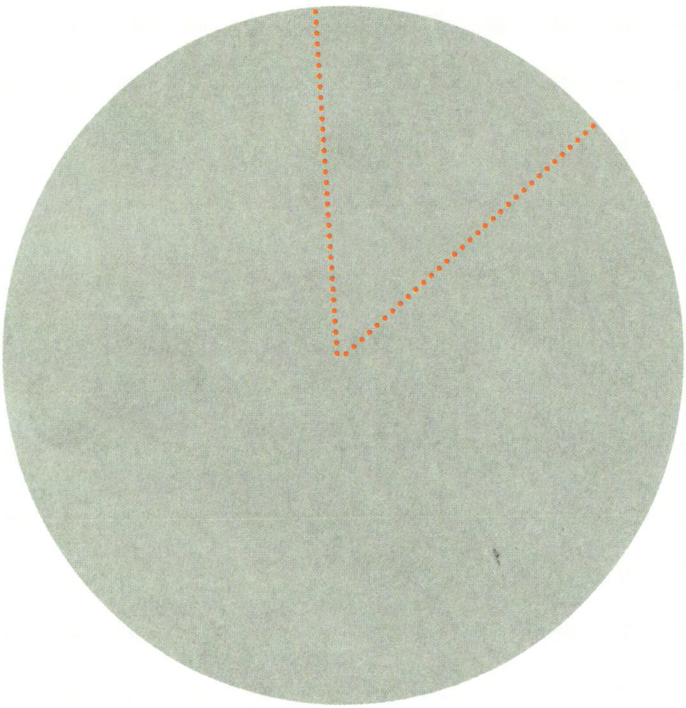

Ausschneiden, AUFKLEBEN, EINTEILEN!

Dein leckerstes Gesicht:

Dein Name:

Dein Geburtstag:

So haben wir uns kennengelernt:

Deine liebste Küchenmusik:

Dein liebstes Kochbuch:

Die beste App/Website für Köche:

Bei Dir gibt es:

bitte ausfüllen

Schwierigkeitsgrad: 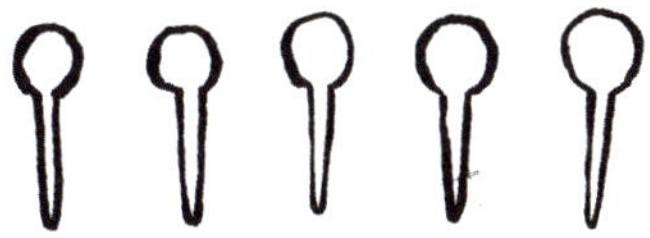

Zubereitungsdauer:

Für .... Personen

Das kommt rein:

So wird es gekocht:

Dein Tipp gegen Kater?

Das beste Stück vom Rind:

Tiere essen oder streicheln?

Wenn ein Wein schlecht geworden ist, dann

1 *hat er einen Akazienton.*

2 *hat er einen Stallton.*

3 *riecht er nach alten Schränken.*

4 *riecht er nach nassen Handtüchern.*

5 *riecht er nach schmutziger Junggesellenwäsche.*

6 ....

Welche Zutat pflückst Du selbst?

Das hat Dein Vater immer gegessen:

(Und Du hast nicht verstanden, wie man das bloß essen kann!)

Liebe schmeckt wie ...

Fünf Zutaten, die Du mit auf eine einsame Insel nehmen würdest:

1
2
3
4
5

Wenn Du ein Gebäck wärst, was wärst Du?

Welches Essen bringt Dich zur Ruhe?

Das beste Essen gibt es in:

Fahne malen

Von welchem Abend schwärmst Du bis heute?

Was oder wo sollte ich mit Dir unbedingt einmal essen?

Das ist der wichtigste Rat, den Dir jemand fürs Kochen gegeben hat:

So geht ein richtig gutes Sandwich:

Kommt Dir nicht in den Topf:

Dein liebstes Pausenbrot:

Name:

Geburtstag:

So haben wir uns kennengelernt:

Deine liebste Küchenmusik:

Dein liebstes Kochbuch:

Die beste App/Website für Köche:

DAS GIBT ES:

Schwierigkeitsgrad:

Zubereitungsdauer:

Für .... Personen

Zutaten:

Und so wird es gekocht:

Sei ehrlich!

Was würdest Du selbst bei vorgehaltener Pistole nicht essen?

Welches Gericht war Dein kulinarisches Erweckungserlebnis?

Der schönste Film übers Essen:

Apfel oder Birne?

Süß oder salzig?

Was hat Dich zuletzt richtig betrunken gemacht?

Hier ist Platz für Deinen schönsten Finger-Fettfleck:

Was gehört zu einer zünftigen Brotzeit?

In der allergrößten Not schmeckt die Wurst auch ohne ...

Wenn Du ein Restaurant hättest, wie würde es heißen?

Wer mag, kann das Schild über dem Eingang malen!

BITTE
BEANTWORTEN

Schokolade oder Vanille?

Koriander oder Petersilie?

Was ist das Ekeligste, was Dein Kind/Du als Kind jemals gegessen ha(s)t?

Was wäre Deine Henkersmahlzeit (und wofür würde man Dich hängen)?

Kann Insektenessen die Lösung sein?

An welches Essen denkst Du, wenn Du an Deine Oma denkst?

Zutreffendes umkreisen!

Wie ist Dein Essen, wenn Du frisch verliebt bist?

unangetastet

sofort weg

versalzen

....

Immer wenn Du nach (Land) fährst,

bringst Du (Zutat, Lebensmittel) mit.

Wann warst Du zuletzt bei McDonald's?

Was ist aus der Dose besser als frisch?

Auf welchen Gang kannst Du getrost verzichten?

Welcher Geschmack tröstet Dich?

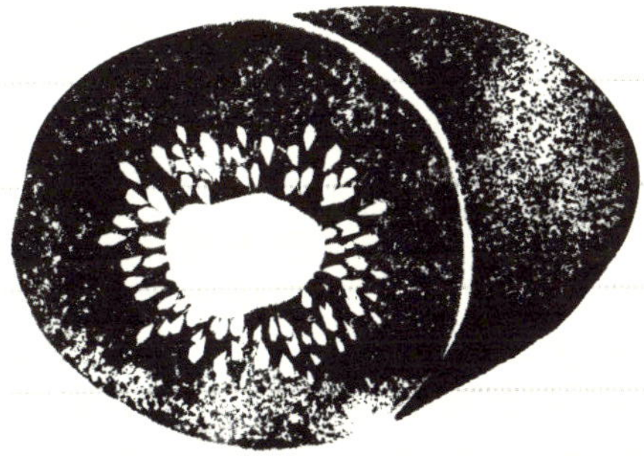

DAS MUSS REIN ...

KARL
Bier

Dein leckerstes Gesicht:

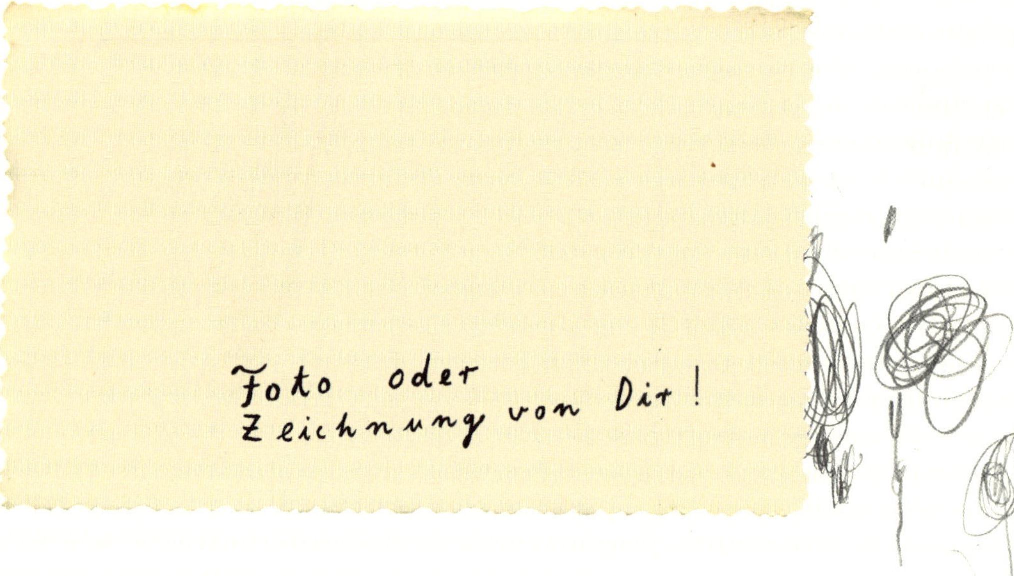

Dein Name:

Dein Geburtstag:

So haben wir uns kennengelernt:

Deine liebste Küchenmusik:

Dein liebstes Kochbuch:

Die beste App/Website für Köche:

Bei Dir gibt es:

Schwierigkeitsgrad:

Zubereitungsdauer:

Für .... Personen

Das kommt rein:

Schmeckt dazu:

So wird es gekocht:

Aufgaben

Debt Cred

Wie scharf darf Dein Essen sein?

Was verdirbt Dir den Appetit?

Muuh!

Tiere essen oder streicheln?

Wenn ein Wein schlecht geworden ist, dann

1 *hat er einen Akazienton.*
2 *hat er einen Stallton.*
3 *riecht er nach alten Schränken.*
4 *riecht er nach nassen Handtüchern.*
5 *riecht er nach schmutziger Junggesellenwäsche.*

6 ....

Dein dümmster Küchenwitz: ....

....

Morgenstund hat .... im Mund.

Was würdest Du selbst bei vorgehaltener Pistole nicht essen?

....

Auf welche Benimmregel beim Essen kannst Du gut verzichten?

....

Was kocht niemand so gut wie Mutti?

....

Du und ich, wir können so gut miteinander essen, weil ...

....

....

Pils oder Pilz? ....

Heiß oder kalt? ....

Was ist immer aus, wenn man es gerade braucht?

....

Welches Gewürz beschreibt Dich am besten?

....

Was ist das Exotischste, das Du jemals gegessen hast?

....

Wenn Du ein Wein wärst, wärst Du:

Zutreffendes umkreisen:

uralt

sauer

gereift

geschmeidig

lieblich fruchtig

jung

wohltemperiert

herb

halbtrocken

füllig

schlank

weich

körperreich

unbezahlbar

samtig

trocken

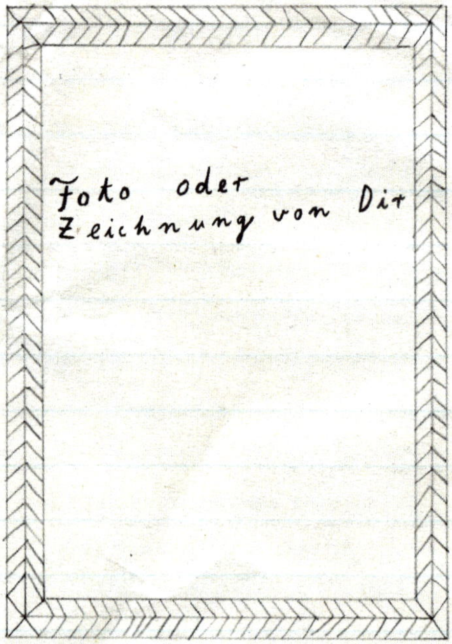

Name:

Geburtstag:

So haben wir uns kennengelernt:

Dein Küchenkampfname (z.B. Fernsehkoch + Pasta-Sorte = Jamie Rigatoni):

Deine liebste Küchenmusik:

Dein liebstes Kochbuch:

Der beste Laden für Köche:

Rezept

Schwierigkeitsgrad:

Zubereitungsdauer:

Für .... Personen

Zutaten:

Zubereitung:

Woher kommt Dein Essen?

Bioladen, Supermarkt, Restaurant, Pizzaservice, Wald, Mutti,

Tankstelle, Ikea, Sonstiges

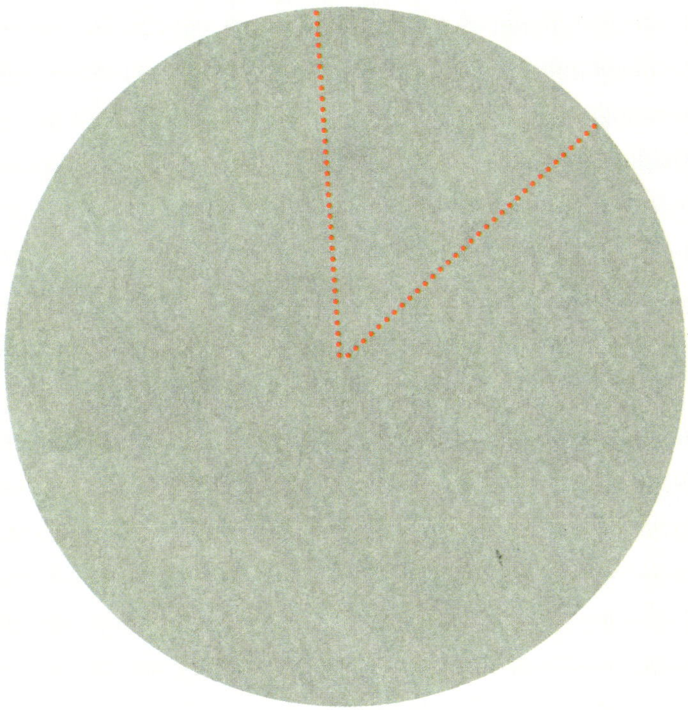

ALDI

BIO

EDEKA

MC DONALD'S

Ausschneiden, AUFKLEBEN, EINTEILEN!

ZEIGT HER
EURE FINGER!
patsch

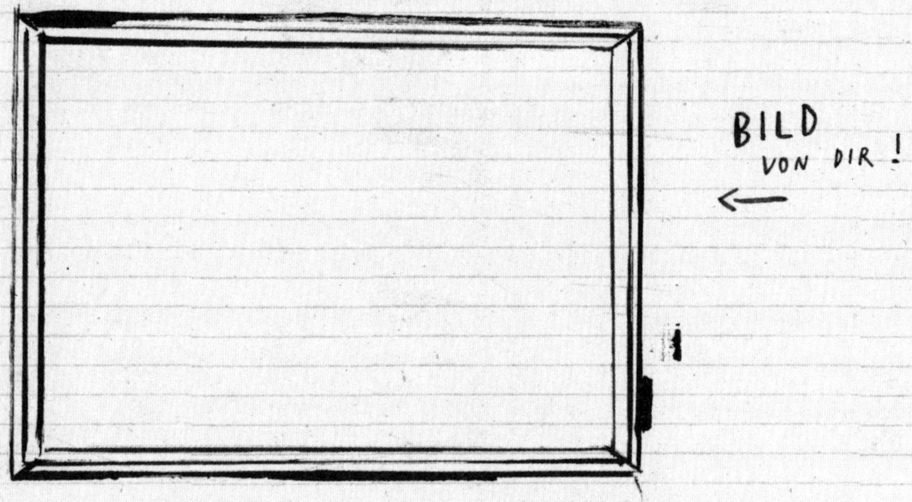

Name: Geburtstag:

So haben wir uns kennengelernt:

Deine liebste Küchenmusik:

Dein liebstes Kochbuch:

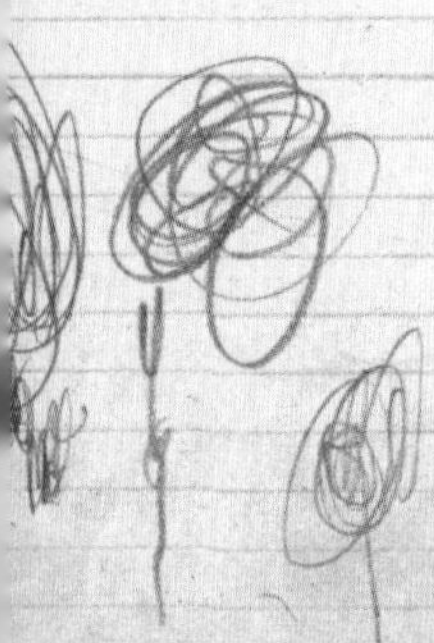

Die beste Website für Köche:

Es ist angerichtet!

bitte ausfüllen

Schwierigkeitsgrad: 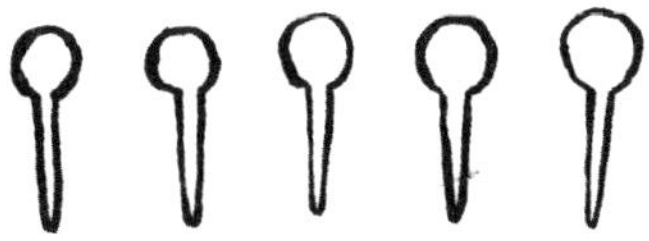

Zubereitungsdauer:

Für .... Personen

Zutaten:

So wird es gekocht:

Male (oder kleckse) hier Deine Lieblingsmarmeladensorte hin!

Was gehört zu einem perfekten Weihnachtsfest?

Ein Leben ohne .... ist möglich, aber sinnlos.

Wie ist Dein Essen, wenn Du frisch verliebt bist?

(unangetastet/sofort weg/versalzen)

Immer wenn Du nach .... (Land) fährst,

bringst Du .... (Zutat, Lebensmittel) mit.

Wann warst Du zuletzt bei McDonald's?

Was ist aus der Dose besser als frisch?

Auf welchen Gang kannst Du getrost verzichten?

Welcher Geschmack tröstet Dich?

Die Frau an der Käsetheke sagt über Dich ...

BILD von Dir

Name: Geburtstag:

So haben wir uns kennengelernt:

Deine liebste Küchenmusik:

Dein liebstes Kochbuch:

Die beste App für Köche:

Da einkleben!

Dein Rezept:

Schwierigkeitsgrad:

Zubereitungsdauer:

Für .... Personen

Zutaten:

Und so wird es gekocht:

Was würdest Du selbst bei vorgehaltener Pistole nicht essen?

Welches Gericht war Dein kulinarisches Erweckungserlebnis?

Der schönste Film übers Essen:

Apfel oder Birne?

Süß oder salzig?

Was hat Dich zuletzt richtig betrunken gemacht?

Hier ist Platz für Deinen schönsten Finger-Fettfleck:

Was gehört zu einer zünftigen Brotzeit?

Das letzte Stück Kuchen bekommt ...

Dein leckerstes Gesicht:

Bild von Dir!

←

Dein Name:

Dein Geburtstag:

So haben wir uns kennengelernt:

Deine liebste Küchenmusik:

Dein liebstes Kochbuch:

Die beste App für Köche:

Da einkleben!

Bei Dir gibt es:

bitte ausfüllen

Schwierigkeitsgrad: ☆ ☆ ☆ ☆ ☆

Zubereitungsdauer: Für .... Personen

Das kommt rein:

Schmeckt dazu:

Zubereitung:

Der perfekte Absacker:

Dein liebstes Küchenutensil:

Dein liebstes Betthupferl:

Zutreffendes umkreisen!

Essen muss ...

schmecken

schnell gehen

satt machen

Spaß machen

Der Sommer schmeckt nach ...

Das geht immer noch rein, wenn gar nichts mehr geht:

Das beste Bier:

Etikett einkleben!

Name:

Geburtstag:

So haben wir uns kennengelernt:

Deine liebste Küchenmusik:

Dein liebstes Kochbuch:

Die beste App/Website für Köche:

Sei ehrlich!

Du kochst:

Schwierigkeitsgrad:

Zubereitungsdauer:

Für .... Personen

Zutaten:

Zubereitung:

Deine ganz persönliche Ernährungspyramide:

MALE
oder
SCHREIBE
da rein:

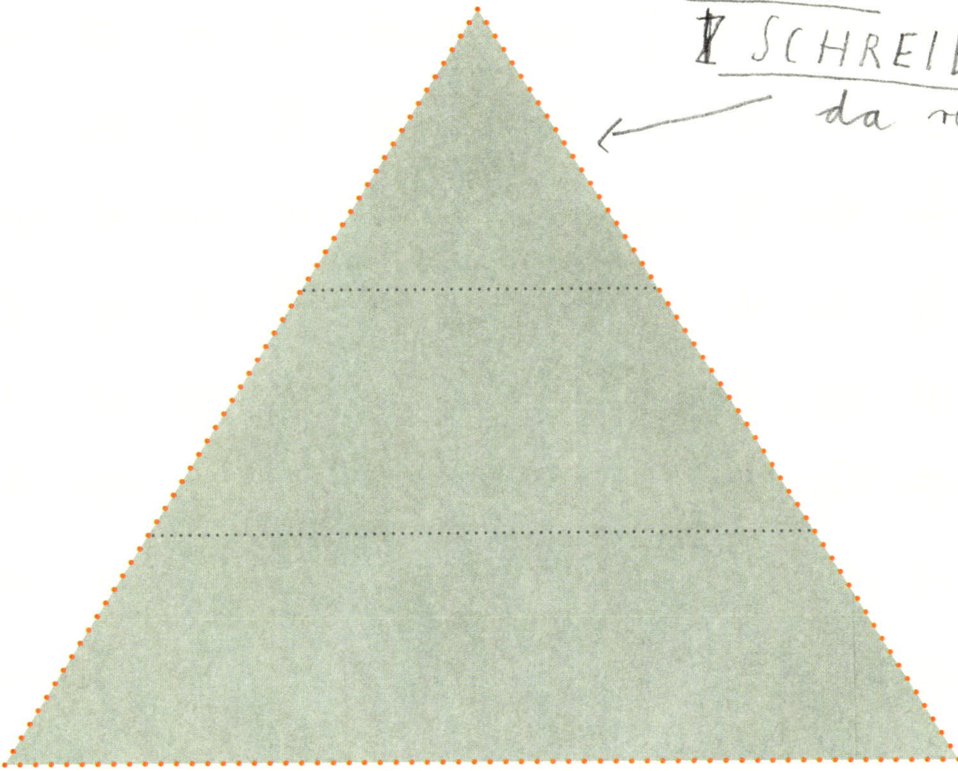

- Obst
- Schokolade
- Spaghetti
- Fisch
- Croissants
- Olivenöl
- Gemüse
- Nutella

MIX
Papier aus verantwortungsvollen Quellen
FSC® C084279

Verlagsgruppe Random House FSC-DEU-0100
Das für dieses Buch verwendete FSC®-zertifizierte
Papier *Tauro* liefert Sappi, Stockstadt.

1. Auflage

Dieses Werk wurde vermittelt durch die Literarische Agentur Michael Gaeb.
Umschlagbild & Innenillustrationen: Rinah Lang, Berlin
Gestaltung & Satz: Anette Beckmann, Berlin
Gesamtherstellung: Print Consult, München
Printed in the Czech Republic
ISBN: 978-3-7645-0464-9
www.blanvalet.de

Jessica Braun (*1975) ist Journalistin. Ihre Vorbilder in der Küche:

Mama, Oma und Christoph, ihr Mann.

Daniel Erk (*1980) ist Autor und Journalist. Dieses Essen erinnert ihn an zu Hause wie kein zweites:

Die Maultaschen, die meine Familie immer zu Gründonnerstag kocht. Frisch aus dem Topf!

Anette Beckmann (*1974) ist Buchgestalterin und hat dieses KOCH MAL BUCH in Form gebracht.
Ihr kommt nichts ...Süßes... auf den Teller, aber dafür wäre ein Leben ohne ...Käse... für sie sinnlos.

Rinah Lang (*1975) arbeitet als Illustratorin, viel für Magazine und Zeitungen. Von ihr stammen die Zeichnungen, Drucke und Papierarbeiten in diesem Buch.
Dieses war ihr kulinarisches Erweckungserlebnis:

Als ich das erste Mal selbstgemachte Hühnerbrühe gegessen hab!

Alle vier leben in Berlin.

Notizen: